AF332133

PÉTITION

DES MAITRES D'HOTELS MEUBLÉS

ET

DES MAITRES DE MAISONS MEUBLÉES

AU GOUVERNEMENT

DE LA DÉFENSE NATIONALE

PARIS,

IMPRIMERIE CENTRALE DES CHEMINS DE FER,

A. CHAIX ET Cie

RUE BERGÈRE, 20, PRÈS DU BOULEVARD MONTMARTRE.

1870

PÉTITION

DES MAITRES D'HOTELS MEUBLÉS

ET

DES MAITRES DE MAISONS MEUBLÉES

AU GOUVERNEMENT

DE LA DÉFENSE NATIONALE

Messieurs,

Les soussignés, tous maîtres de maisons ou d'hôtels meublés, sis en la ville de Paris, que les forces ennemies tiennent assiégée en ce moment, et placés, par suite des événements douloureux que traverse la Capitale, dans des conditions tout à fait anormales, qu'ils n'ont pas plus amenées qu'ils ne peuvent les conjurer, prennent la liberté respectueuse de s'adresser en toute confiance aux Membres du Gouvernement provisoire, afin d'obtenir, dans les limites du juste, un allégement à leurs souffrances, et se pénétrant du caractère *temporaire* de la mission qu'a seule entendu accepter ce Gouvernement, se bornent à réclamer une mesure d'une nature également transitoire et restreinte.

Pour apprécier l'urgence, l'opportunité et la légitimité de cette mesure, qu'on s'est appliqué à dépouiller de toute exagération ressemblant à de la spoliation, il peut n'être pas inopportun d'entreprendre une rapide esquisse de la situation,

envisagée ensuite à la lumière du droit pur et de considérations générales. Cette revue du fait et du droit établira,
nous l'espérons du moins, que notre prétention a un fondement incontestable dans la législation positive; sans compter
que les raisons d'équité, les précédents posés jusqu'ici par
le Gouvernement de la défense nationale, l'intérêt d'une foule
de tiers et jusqu'à l'intérêt bien entendu des propriétaires
eux-mêmes, recommandent impérieusement des conclusions,
qui peuvent se formuler ainsi : Suppression des loyers con-
ventionnels, depuis la déclaration de la mise en état de
siége jusqu'à la cessation du blocus de Paris.

Si Paris est devenu la ville la plus civilisée, la plus attrayante, la plus
courue du monde, il le doit sans conteste, d'une part, à sa municipalité,
qui ne recule devant aucun effort pour en rendre, à l'aide de percées nouvelles, d'une édilité prévoyante, de monuments, d'établissements, et de
fondations de toutes sortes, le séjour aussi fructueux, aussi intéressant et
aussi agréable que possible, et d'autre part, à une industrie spéciale, sans
laquelle l'affluence extraordinaire de provinciaux et d'étrangers dont cette
cité offrait, avant la guerre, le spectacle unique, serait devenue radicalement
impossible. Cette industrie, que l'on a reconnue déjà comme étant celle des
maisons et des hôtels meublés, bien que peu ancienne encore, a déjà acquis un
accroissement prodigieux, et il n'en faut d'autre preuve que le nombre des
signataires de la demande actuelle, s'élevant à près de 250, et l'importance
des loyers qui leur incombent, et qui se chiffrent par 5,000,000 fr. environ,
le tout sans préjudice de tant d'autres intéressés restés ou laissés en dehors
de la démarche faite en ce moment auprès du Gouvernement. Or, c'est
grâce à l'industrie en question, que nos chemins de fer versaient tous les
jours dans la capitale des armées de personnes avides de voir, de savoir ou de
jouir, venant des départements ou des pays étrangers, et qui certes n'auraient
pas choisi Paris pour leur résidence passagère, s'il leur avait fallu, pour quelques jours, quelques semaines ou quelques mois, s'y installer et s'y mettre dans
leurs meubles. Ne résulte-t-il pas de là que les avantages innombrables
attachés à la présence dans la ville de tant de visiteurs, avantages décou-
lant de la production et de la consommation agrandies, du rayonnement

plus intense de la vie intellectuelle et artistique, de la profusion des dépenses de luxe et même du développement des relations internationales, avantages dont tous les habitants de Paris ont été, chacun dans sa sphère, appelés à bénéficier, doivent être, si l'on veut être équitable, attribués à ces humbles industriels qui s'ingénient pour procurer à leurs hôtes tout le confort désirable? N'en résulte-t-il pas, en outre, que paralyser cette branche d'activité, en accablant ceux qui s'y adonnent sous des charges démesurées et ruineuses, serait du même coup porter une atteinte funeste à toutes les autres branches qui s'exercent à Paris, et dont il importe d'autant plus de les préserver, que ce n'est qu'à ce prix que Paris pourra, dans un prochain avenir, se relever de la catastrophe où il s'engloutit à l'heure présente? Mais si les vicissitudes des maisons et hôtels meublés commandent, dans une certaine mesure, la situation économique et extra-économique de la capitale, il n'est pas moins vrai, pour le même motif, que ces vicissitudes sont gouvernées par le mouvement plus ou moins considérable d'étrangers à Paris; car, encore une fois, ce ne sont pas les habitants proprement dits, qui alimentent notre clientèle, même au degré le plus infime.

Plus il y a donc d'étrangers parmi nous, plus nos affaires sont prospères; mais si par hasard il n'y en avait plus du tout, nos affaires seraient frappées inévitablement de stagnation, d'immobilité et de mort, et nous nous trouverions privés des bénéfices, sur lesquels nos conventions, nos sacrifices, notre labeur incessant nous donnaient certainement le droit de compter. Or, pour notre malheur, c'est là précisément ce qui nous arrive.

Le Gouvernement n'ignore pas, en effet, qu'une des premières dispositions, conseillées par la déclaration de guerre à la Prusse, a été l'expulsion rigoureuse de tous les nationaux appartenant aux puissances belligérantes ennemies, ce qui a brusquement dégarni la cité de tous les forains d'origine allemande, en raison du faisceau, qu'au point de vue militaire, la Confédération du Nord a formé avec presque toutes les races germaniques. Mais ce n'est pas tout; car, lorsque les prévisions d'un investissement de Paris se sont accentuées, les rangs des personnes appartenant aux États neutres ont commencé à leur tour à s'éclaircir largement; puis, quand le blocus a cessé d'être une menace pour se convertir en une triste réalité, la déroute est devenue complète, et c'est ainsi encore que récemment nous avons vu, à la suite de négociations, s'ouvrir les portes devant les derniers retardataires des grandes nationalités russe, anglaise, américaine et autres, que la curiosité ou un intérêt quelconque avait jusque-là retenus dans nos murs. Pourquoi, au surplus, à moins d'y être conviés par l'amour ardent du sol natal, se seraient-ils résolus à affronter les horreurs du siége.

de la famine et de l'insurrection, et à essuyer même le feu meurtrier de l'ennemi, auquel il a été très-sérieusement question de les conduire en compagnie de tous les autres citoyens? Il est superflu d'ailleurs de parler même des provinciaux, que le souci de leur sécurité et de leurs intérêts les plus chers avait ramenés, à la première alarme, dans leurs foyers respectifs. Mais tous ces fuyards, en désertant la ville, pour obéir à des injonctions formelles ou à l'arrêté préfectoral concernant les bouches inutiles, ou à une impulsion morale tout aussi irrésistible, n'ont pas seulement dépeuplé les habitations qui les avaient accueillis, ils se sont encore, pour la plupart, affranchis même, par leur départ forcé et précipité, de leurs obligations échues et soustraits tout au moins aux engagements par eux contractés pour l'avenir, attendu que les meubles qui garnissaient les lieux, n'étant pas les leurs, ne pouvaient servir à garantir leurs dettes, et que les juridictions saisies jusqu'ici ont dû, en présence d'un cas de force majeure aussi caractérisé, les délier vis-à-vis de leurs locateurs; de telle sorte, que la question pendante se réduit à des termes bien simples : les maîtres de maisons ou d'hôtels meublés ont été, par la force même des choses et à leur corps défendant, frustrés dans leurs espérances les plus légitimes, frustrés dans leurs revenus, frustrés dans leur clientèle, qui non-seulement les délaisse sans régler le passé et sans respecter l'avenir, mais qui, vu l'état de siége, ne peut même pas être remplacée par une clientèle nouvelle; est-il juste, dès lors, est-il équitable que, sans prise aucune sur leurs anciens locataires, et impuissants, par suite d'événements majeurs, à en trouver d'autres qui leur permissent de tirer le moindre parti des lieux par eux loués avec cette destination exclusive, ils soient cependant, eux, qui ne sont pas autre chose eux-mêmes, vis-à-vis de leurs propriétaires, que de simples preneurs, ils soient, disons-nous, astreints seuls à faire honneur, sans la moindre réserve ni réduction, à des engagements qui, véritablement, sont, aujourd'hui, *sans cause*, puisqu'ils sont sans compensation? Le bon sens répond non; voyons ce que décide la loi, et si par le secours qu'elle offre, elle ne prend pas implicitement sous sa sauvegarde le remède que nous avons l'honneur, Messieurs, de vous soumettre, à titre transactionnel et comme un moyen efficace d'apaisement ?

Les obligations réciproques du bailleur et du preneur ont été soigneusement précisées par la loi. Tandis que l'obligation du preneur consiste à user de la chose louée en bon père de famille, suivant la destination qui lui a été donnée par le bail, et à payer le prix du bail aux termes convenus, le bailleur, au contraire, est tenu, aux termes de l'article 1719 du code civil, par la nature même du contrat, non-seulement de délivrer au preneur la chose louée, mais encore d'entretenir cette chose en état de servir à l'usage pour lequel elle a été louée, et d'en *faire jouir* paisiblement le preneur pendant la durée du bail. Ajoutons, pour compléter notre base d'argumentation, que conformément à l'article 1741, le défaut du bailleur et du preneur de remplir leurs engagements, entraîne la résiliation du contrat de louage. Ainsi le bailleur, ou si l'on veut le propriétaire, doit, sous peine de résiliation du bail, *faire jouir* son locataire, expression technique et caractéristique, qui signifie manifestement, que les obligations du propriétaire ne s'arrêtent pas à la délivrance, mais qu'elles se continuent pendant toute la durée du bail, avec le but d'assurer au preneur l'avantage en vue duquel il avait traité. Sous ce rapport, la position du bailleur diffère essentiellement de celle d'un nu-propriétaire à qui l'usufruitier peut uniquement demander de le *laisser jouir* ; autrement dit, autant les obligations du nu-propriétaire sont passives et se réduisent à une complète abstention, autant celles du bailleur sont actives, persistantes, continues. Quel que soit donc le sort réservé à la chose donnée en usufruit, l'usufruitier n'a aucune réclamation à élever du moment où le nu-propriétaire n'est pour rien dans le fait qui trouble ou anéantit la jouissance ; au contraire, quand la jouissance du preneur est enrayée ou supprimée, le bailleur est obligé de venir à son aide et de la rétablir dans les conditions initiales qui avaient déterminé les contractants ; car, encore une fois, son assistance doit être incessante, et il ne se trouve quitte envers le preneur qu'autant qu'il met ce dernier à même d'obtenir de l'objet du contrat des services ininterrompus. Cette comparaison et ces principes étant classiques, il n'y a même pas à y insister ; mais c'est dans l'application des mêmes principes, dans l'interprétation des devoirs du bailleur, qu'il peut y avoir matière à hésitation, du moins quand on s'en tient à la surface des choses. Il peut sembler, en effet, à première vue, que les maîtres de maisons ou d'hôtels meublés n'étant nullement inquiétés et dérangés dans les lieux loués — c'est même précisément ce qui fait leur désolation — ne sont en aucune façon fondés à se plaindre de leurs propriétaires, et par exemple à poursuivre l'annulation des conventions. Mais, pour comprendre la justesse de leur requête, il importe de séparer nettement leur cause de celle des locataires ordinaires avec lesquels ils n'ont à vrai dire de commun que le nom, la qualification générique et des règles générales, mais desquels ils se séparent par un objectif distinct qui les place, au point de vue des revendications à exercer aujourd'hui, dans une situation infiniment préférable, en ce que l'hypothèse prévue par la loi pour la résiliation des baux est déjà réalisée pour eux, quand elle ne l'est peut-être pas encore pour

les preneurs habituels. Non pas assurément qu'il pût être question d'affai-
blir, au détriment de ceux-ci, la vive sympathie que leur position a fait
naître, et de décourager les efforts généreux faits par plusieurs des plus
vaillants magistrats municipaux de Paris, pour venir au secours de leur
impuissance en demandant qu'ils fussent déchargés d'une partie de leur
loyer ; mais ces marques précieuses d'intérêt qui, rapprochées de l'espèce
en cause, lui fournissent en quelque sorte un *à fortiori*, et que par conséquent nous sommes très-loin d'incriminer, n'autorisent cependant pas à
confondre deux situations, entre lesquelles une analyse un peu attentive
révèle des différences sensibles. Ainsi, que désire le premier citoyen venu,
quand il se met à la recherche d'un logement ? Trouver un gîte, un abri,
un intérieur, qui lui permette d'y accomplir tous les actes de la vie domes-
tique. Or, est-il besoin d'observer que ni la guerre, ni le siége ne le prive
en aucune façon des avantages d'une location bourgeoise, du moment où
son appartement continue à remplir toutes les conditions de sécurité matérielle désirables, et qu'on n'aperçoit pas dès lors, à première vue, un
fondement rationnel à une action en résiliation de sa part.

Il en est, au contraire, tout différemment des maîtres de maisons ou
d'hôtels meublés. Les baux, qu'ils concluent, sont-ils destinés à leur fournir
personnellement un asile, une retraite ? Ils ont si peu cette destination, que la
plupart des industriels dont s'agit se casent partout ailleurs que dans les lieux
affectés à leur exploitation commerciale. Car c'est une *exploitation commerciale* qui est leur objectif quand ils contractent, et cette exploitation consiste, qui ne le sait, à *relouer* meublés les locaux qu'ils ont eux-mêmes
loués du propriétaire avec ou sans meubles. C'est donc uniquement la possibilité matérielle et morale d'une relocation qui les détermine à traiter
avec le propriétaire, et c'est si bien sur cette affectation spéciale que se
concentre la pensée des parties contractantes, que le plus grand nombre de
baux consentis interdisent formellement au preneur d'employer les maisons
ou hôtels loués à un usage différent. Voilà ce qu'il importe de bien voir
pour se rendre compte de l'abîme qui sépare ce cas du cas précédent.
Tant que le logement occupé par le preneur de droit commun est habi-
table, il serait mal venu à se récrier contre le propriétaire, qui fait ce
qu'il doit ; et il en serait encore de même de tout preneur qui exercerait
chez lui une industrie autre que celle dont nous articulons en ce moment
les griefs légitimes. Quelle que soit, en effet, cette industrie, elle ne se rat-
tache jamais d'une façon intime et inséparable à l'emplacement qui lui
sert de refuge. Telle maison de banque qui chôme, telle fabrique qui ferme
ses ateliers, tel magasin qui ralentit sa vente ne seraient pas aujourd'hui
plus florissants au centre qu'à l'extrémité de Paris. L'état de toutes ces

affaires est indépendant de leur siége, et il est même permis de penser que certaines maisons, impuissantes peut-être à écouler quant à présent le stock plus ou moins considérable de marchandises ou de produits qu'elles ont devers elles, ne tarderont pas dans un prochain avenir à bénéficier sur ces mêmes articles, dont les similaires feront défaut ou seront bien coûteux à établir, d'une plus-value largement compensatrice. En tout cas, et c'est là surtout ce qui importe dans la discussion actuelle, aucune corrélation étroite, aucun lien de connexité n'existent entre une entreprise commerciale, financière ou industrielle quelconque et l'espace où elle se meut; ce n'est pas sur les murs en dedans desquels ils opèrent, que les banquiers, fabricants, négociants, débitants comptent pour la réussite de leurs opérations, et tant donc que ces murs, qui faisaient l'unique objet de la convention intervenue entre eux et le propriétaire restent debout, c'est à eux seuls en droit à supporter les revers que leur infligent les circonstances extérieures. Au contraire, pour les maîtres de maisons ou d'hôtels meublés, ces maisons et ces hôtels ne sont pas seulement le *moyen*, mais encore le *but*; car ils les louent non pas pour les utiliser à telle ou telle spéculation, mais simplement et exclusivement pour les relouer; de même que l'épicier achète de la cassonnade pour la revendre, eux ne prennent d'appartements que pour les céder; c'est donc cette destination spéciale des appartements qui fait l'objet précis du contrat passé par eux avec leurs propriétaires, et quand cette destination est impossible, comme c'est le cas aujourd'hui, puisque les étrangers, qui seuls pouvaient la remplir, ont pris universellement la fuite, ils doivent, en bonne logique, pouvoir échapper à des contrats qui cessent de leur donner la satisfaction implicitement promise. Ainsi le veut d'ailleurs cet article 1741, cité plus haut, qui attache la résiliation des baux à l'inexécution des obligations du bailleur, et il n'est même pas douteux que les requérants seraient autorisés à demander en justice, outre la résiliation, des dommages-intérêts aux bailleurs, si l'inexécution de leurs engagements ne résultait pas, dans l'espèce actuelle, d'un cas de force majeur qui ne saurait donc leur être personnellement imputé à faute. Mais quant à la résiliation au moins, aucun moyen de défense ne saurait les y soustraire, étant donné d'une part, que les bailleurs sont tenus de *faire* jouir, et d'autre part, qu'ils sont dans l'impossibilité absolue de procurer cette jouissance. Et que les proprétaires ne disent pas que les maîtres de maisons ou d'hôtels meublés, en louant en gros pour relouer en détail après transformation, s'adonnent à une spéculation dont ils doivent courir toutes les chances, bonnes ou mauvaises, et qu'ils n'insistent pas sur des bénéfices que leurs locataires principaux ont pu faire en des temps meilleurs! Car d'abord, *en fait*, quand ces propriétaires consentent des baux à des industriels comme les soussignés, auxquels des clauses expresses interdisent le plus souvent, comme nous l'avons dit déjà, toute autre industrie, ils ne manquent jamais d'escompter par avance, en renforçant considérablement les loyers, les bonnes fortunes éventuelles pouvant advenir à la suite de voies nouvelles, d'expositions, de congrès, etc., et si d'ailleurs des résultats même excellents peuvent être parfois recueillis, ils ne sont dus en aucune façon à la participation du proprétaire, ils ne sont que la juste rémunération des efforts, des démarches, des dépenses, des sacrifices, du goût dans l'arrangement, de l'aménité et de l'empressement dans les procédés, du savoir faire enfin et des risques ordinaires de l'industriel qui sans doute se sert des locaux comme de sa matière première, mais comme d'une matière première transformée, embellie et agrémentée. Et puis, qui ne voit qu'il ne s'agit pas malheureusement ici d'une question de plus ou de moins ; car ce n'est pas seulement une crise que nous traversons ou des mortes-saisons auxquelles nous ne sommes que trop habitués ; nous ne sommes pas même atteints par un de ces terribles fléaux, par une de ces maladies contagieuses qui, en chassant de la ville contaminée beaucoup de personnes étrangères, ne les chassent cependant pas toutes et laissent les communications ouvertes pour des arrivages nouveaux ; l'épreuve actuelle n'a pas ce caractère benin et relatif, mais se traduit par cette formule absolue, *qu'il n'y a plus à vrai dire d'étrangers à Paris*, de telle sorte que ce n'est pas une jouissance incomplète, mais une jouissance totalement absente qui se trouve déférée à la sollicitude du Gouvernement, et que la condition à laquelle la loi a subordonné l'annulation des baux se trouve ainsi parfaitement réalisée en *droit*.

Mais la résiliation, qui se déduit rigoureusement, comme on vient de le voir, de l'article 1741 combiné avec l'article 1749, pourrait, dans notre hypothèse, s'inférer également sans effort de l'article 1722, aux termes duquel : « si pendant la durée du bail la chose louée est détruite en totalité par cas fortuit, le bail est résilié de plein droit ; si elle n'est détruite qu'en partie, le preneur peut, suivant les circonstances, demander une diminution du prix ou la résiliation même du bail. »

N'est-il pas évident, en effet, que nous pouvons nous appliquer la dernière prévision de l'article, se référant à une perte partielle de la chose louée, puisque ce que nous avons véritablement entendu louer, ce n'est pas des maisons ou hôtels à occuper par nous-mêmes, mais des maisons ou hôtels à faire occuper par autrui ; ce que nous avons voulu obtenir par nos contrats, ce n'est pas une jouissance personnelle, mais la possibilité de transférer une jouissance à des tiers. Ce qui revient à dire que pour les maîtres de maisons ou d'hôtels meublés, la chose louée pendant tant d'années consiste en tant d'années de jouissance transmissible, et que toute privation de cette jouissance pendant un certain temps constitue une perte partielle. Ainsi, tandis que dans les cas les plus fréquents la perte partielle de la chose louée s'entend de l'effondrement d'une partie de l'habitation, ici, *secundum subjectam materiam*, elle doit s'entendre d'une limitation de jouissance dans le *temps*, considéré comme régulateur ou mesureur de l'objet de la convention. En conséquence, celui d'entre nous à qui aurait été consenti un bail de trois ans, qui lui représente trois années de jouissance *en relocation*, pourrait, si les événements militaires se prolongent pendant six mois, argumenter d'une perte partielle d'un sixième de la chose à lui louée, pour réclamer à son client une diminution de prix ou la résiliation de son bail; car c'est bien ici le cas de dire que si la lettre de la loi tue, son esprit vivifie.

Une demande en résiliation introduite par les représentants de l'industrie des meublés devant la juridiction civile, serait donc nécessairement assurée du bon accueil réservé par la justice à toutes les causes qui ont leurs racines dans la loi et dans des intérêts gravement compromis; et cela posé, il devient facile de justifier les conclusions spéciales que nous vous demandons, Messieurs, de bien vouloir sanctionner par un décret du Gouvernement. Ces conclusions sollicitent la suppression des loyers depuis la déclaration de mise en état de siége jusqu'à la fin du blocus de Paris. Assurément, de toutes les solutions, c'est celle qui, de tous côtés, doit être accueillie avec le plus de faveur. Elle aurait, tout d'abord, l'avantage inestimable de tarir une source abondante de procès d'autant plus fâcheux, que plus que jamais l'harmonie la plus parfaite doit régner entre tous les citoyens, en vue du but commun à poursuivre au regard des hordes qui nous envahissent. Elle est, d'ailleurs, indiquée aussi par l'article 1722 susénoncé, qui laisse au preneur l'option entre la résiliation ou une diminution proportionnelle du prix, et elle est indiquée encore par l'article 1721, qui mérite d'être littéralement rapporté :

« Il est dû garantie au preneur, dit cet article, pour tous les vices ou défauts de la chose louée, qui en empêchent l'usage, quand même le bailleur ne les aurait pas connus lors du bail. S'il résulte de ces vices ou défauts quelque perte pour le preneur, le bailleur est tenu de *l'indemniser*. » Or, le préjudice consistant pour nous dans la *privation* temporaire de loyers, quoi de plus naturel que de faire consister l'indemnité dans *l'affranchissement* temporaire de loyers ?

Car nous ne pouvons admettre qu'on voulût décliner l'application des articles 1719, 1721 et 1722, sous prétexte que ces articles, en parlant de jouissance paisible, de pertes partielles et de vices ou défauts de la chose louée, se seraient référés seulement à des empiétements, à des imperfections et à des dégâts matériels. Cette interprétation judaïque du texte, qui matérialiserait notre belle législation et cantonnerait le législateur sur un espace des plus étroits, où elle le condamnerait à l'immobilité, lui fait injure et une injure gratuite. Si le législateur a tenu le langage que nous avons reproduit, c'est en s'inspirant sans doute de l'hypothèse la plus vulgaire, la plus fréquente d'une location bourgeoise, sans autre souci d'une situation qui ne devait même pas se présenter encore à sa pensée, par ce motif que l'industrie des meublés n'a guère pris son essor que dans les tout derniers temps.

Quand donc des conditions nouvelles surgissent, c'est à ceux qui sont appelés à faire droit à y accommoder les dispositions existantes, à étendre les règles édictées pour les espèces prévues aux espèces analogues qui ne le sont pas. Tous les jours ce procédé est mis en pratique par la jurisprudence, qui, plutôt que de requérir à chaque instant l'intervention de l'officine législative, préfère sagement développer les germes féconds déposés dans nos Codes.

S'il nous fallait maintenant un argument d'analogie frappant au soutien de la mesure que notre démarche a pour but de provoquer, il nous serait fourni par les articles 1769 et 1770, placés sous la rubrique spéciale « Des règles particulières aux baux à ferme », et sous la rubrique générale « Du contrat de louage. » Voici comment sont conçus ces articles :

ART. 1769. — « Si le bail est fait pour plusieurs années, et que pendant la durée du bail la totalité ou la moitié d'une récolte au moins soit enlevée par des cas fortuits, le fermier peut demander une remise du prix de sa location, à moins qu'il ne soit indemnisé par les récoltes précédentes. S'il n'est pas indemnisé, l'estimation de la remise ne peut avoir lieu qu'à la fin du bail, auquel temps il se fait une compensation de toutes les années de jouissance. Et cependant le juge peut provisoirement dispenser le preneur de payer une partie du prix en raison de la perte soufferte. »

ART. 1770. — « Si le bail n'est que d'une année et que la perte soit de la totalité des fruits ou au moins de la moitié, le preneur sera déchargé d'une partie proportionnelle du prix de la location. »

Quelle objection opposer à cet argument? Peut-être dira-t-on que l'indemnité ne doit être, d'après les articles précités, allouée au fermier privé de la moitié au moins d'une récolte, qu'autant que les récoltes passées ou à venir ne rétablissent pas l'équilibre, et que dès lors, si l'on veut utiliser cette décision, il faut faire entrer en ligne de compte les excédants de bénéfices recueillis ou à recueillir par les signataires de la présente adresse. Mais il est trop facile de comprendre que l'assimilation ne doit pas aller jusque-là; on s'explique, en effet, très-bien que le propriétaire ne tienne pas compte à son fermier d'un déficit accidentel, quand les récoltes passées ou futures doivent le combler, parce que l'abondance de ces récoltes relève de phénomènes naturels, dont le fermier ne peut nullement s'attribuer le mérite, les bienfaits, et dont il doit, par conséquent, être comptable, tandis que, si le maître d'une maison ou d'un hôtel meublé réalise avant ou après le chômage forcé quelques bénéfices, il est d'autant plus autorisé à se les attribuer définitivement, qu'il ne les doit qu'à sa propre industrie.

Mais l'indemnité que nous octroyerait certainement la justice, c'est au Gouvernement de la Défense nationale que nous demandons de la décréter, pour le motif de patriotique convenance signalé tout à l'heure. Les déductions qui précèdent donneront au Gouvernement la conviction qu'en nous adressant à lui, ce n'est pas pour en obtenir une libéralité qui excède notre droit, puisqu'elle ne l'épuisera même pas tout entier, en raison de la faculté de résiliation qui nous est ouverte, mais pour en obtenir la satisfaction qui nous est due avec la célérité que réclame notre détresse, et sous une forme qui, justifiée par les circonstances exceptionnelles où nous sommes placés, soit en même temps la plus conciliante possible. Aussi avons-nous la confiance que le Gouvernement, qui sait courageusement résister à des prétentions extravagantes et téméraires, voudra avec non moins de fermeté donner suite à une proposition aussi modérée et aussi équitable que la nôtre, sans se laisser détourner par des théories générales inopportunes ou des clameurs aussi intéressées qu'inintelligentes.

C'est ainsi qu'on cherchera sans doute à le circonvenir au nom du respect qui est dû aux conventions; et il est bien certain qu'en parlant des conventions comme d'un sanctuaire inviolable, comme d'une arche sainte sur laquelle il est défendu de porter la main, l'on parvient toujours à produire un certain effet. Mais le Gouvernement, qui compte parmi ses membres bon nombre de légistes éminents, saura percer ce mirage trompeur et ne manquera pas de s'apercevoir que ce que nous poursuivons, c'est *précisément* le maintien de nos contrats, puisqu'en échange d'une concession restreinte, nous entendons nous désister d'une action qui aurait pour effet d'anéantir les traités intervenus. Le Gouvernement entrera donc dans la voie pacificatrice que nous osons lui indiquer; nous en avons, d'ailleurs, pour garant, l'attitude qu'il a su prendre, jusqu'ici, dans des cas analogues, par suite d'un concours de circonstances qui l'ont investi, comme malgré lui, de tous les pouvoirs à la fois : tels que pouvoirs exécutif, judiciaire et législatif.

Si l'obligation de payer des loyers résulte du contrat de louage, l'obligation de les payer à des termes fixes en est une clause non moins inséparable ; et cependant le Gouvernement, s'inspirant du salut public, qui prime en effet toutes les autres considérations, n'a pas hésité à proroger déjà ces échéances aussi bien que celles des effets de commerce, quoique l'article 1244 réservât exclusivement ce droit aux tribunaux ordinaires. Évidemment, en faisant ainsi invasion dans le domaine de la justice et en déliant d'office les citoyens, dans une certaine mesure, des engagements contractés, l'administration supérieure a voulu prévenir d'innombrables litiges et faire régner la concorde qui, en ramenant la fortune de la France, peut seule préserver les créanciers de pertes plus sensibles encore. Or, dans la présente adresse, nous ne faisons autre chose que prier le Gouvernement d'emprunter à la magistrature, dans le même but, une autre attribution qui lui est, d'après ce que nous venons de voir, également dévolue.

N'avons-nous pas vu aussi l'autorité soumettre à une taxe rigoureuse les articles essentiels servant à l'alimentation, et si elle n'a pas craint de suspendre de la sorte une des libertés des plus élémentaires des sociétés modernes, celle qui permet à chacun de disposer à sa guise des biens par lui acquis, il faut donc qu'Elle se soit trouvée en face d'un ordre de choses inusité, légitimant cette dérogation aux lois fondamentales de l'économie politique.

Argumentant de l'absence de toute concurrence, Elle a limité le prix de ces denrées ; pourquoi, argumentant de l'absence de tous étrangers, ne limiterait-Elle pas les obligations du preneur de meublés, qui, comme consommateur d'appartements, ne doit pouvoir être livré discrétionnairement au propriétaire qu'autant qu'il peut répondre à ses exigences par l'affluence de locataires en second ?

Les baux existants ne s'en trouveront que plus consolidés dans leur économie générale, et l'usurpation ne portera que sur les portions caduques. Car, autant que qui que ce soit, nous professons l'inviolabilité des contrats ; mais quand le législateur veut donner une idée, la plus élevée possible, de l'autorité attachée aux conventions, il dit « qu'elles font *loi* entre les parties ». Or, les lois ne sont pas immuables, et chaque jour les citoyens peuvent se voir enlever des avantages sur lesquels ils croyaient pouvoir faire le fonds le plus solide. N'est-ce pas ainsi que, par des mesures présentes à l'esprit de tous comme émanant du Gouvernement actuel lui-même, de simples gardes nationaux peut-être déjà très-récalcitrants à l'endroit des minces corvées à exécuter autrefois, sont incorporés dans l'armée active ;

qu'il a été anticipé aussi, à plusieurs reprises, sur l'époque assignée à la conscription ; et que des jeunes gens, jadis tombés au sort et s'étant rachetés, ont perdu le bénéfice de leur traité libératoire.

L'État a cru pouvoir, en effet, sous la pression de circonstances extraordinaires, modifier les rapports établis entre lui et les particuliers, et, dès lors, quelle considération majeure pourrait mettre obstacle à ce que, sous la même influence et dans la mesure toutefois du strict nécessaire seulement, il modifiât aussi les rapports entre simples particuliers, alors surtout qu'il est de principe, en droit administratif, que l'intérêt public est fondé à imposer à l'intérêt privé tous les sacrifices sans lesquels l'intérêt général pourrait être compromis.

Le Gouvernement qui, en vue de l'accomplissement de sa grande mission, a été investi par la volonté populaire de la plénitude du pouvoir, est par cela même compétent en ce qui concerne notre demande, et il a d'ailleurs affirmé sa compétence par une série de résolutions, empiétant, les unes sur le domaine du juge, les autres neutralisant les lois économiques les plus respectables et même des lois quasi-constitutionnelles, tant il a compris que le salut public l'emporte sur tous les droits, *salus populi suprema lex esto.*

Pourquoi donc ne serions-nous pas écoutés, nous qui, avec une modération incontestable, demandons seulement au Gouvernement de sanctionner, sans laisser les adversaires en venir aux mains devant les tribunaux, la disposition la moins rigoureuse de la loi, concernant l'allocation d'une indemnité qui se traduit logiquement pour nous par l'affranchissement des loyers pendant une période néfaste ; d'autant mieux qu'indépendamment des précédents fournis par le Gouvernement, des articles du Code si impératifs par leur esprit et leur lettre, et des inspirations de la justice la plus vulgaire, la sauvegarde de l'intérêt des propriétaires et de plusieurs autres personnes encore, milite elle-même en faveur de notre cause, dont le triomphe n'importe donc pas qu'à nous seuls.

L'intérêt de tiers est manifeste ; il apparaît aussitôt qu'on veut supposer un instant que les espérances des requérants puissent être déçues ; qu'arriverait-il, en effet, si les soussignés ne pouvaient parvenir à faire prévaloir leur argumentation ? Un arriéré de loyers s'accumulerait en sommes d'autant plus fortes, que la crise se prolongerait davantage. Puis à l'expiration de la crise commencerait la liquidation de la dette, et quelle liquidation ? Les maîtres de maisons ou d'hôtels meublés y sombreraient infailliblement, car la plupart ont des loyers fort considérables à acquitter, qui s'élèvent, pour quelques-uns, à plus de 200,000 francs par an, dont le premier centime ne serait pas en caisse. Mais là où tout le monde perd ses droits, le propriétaire ne perd pas les siens, grâce à ce détestable privilége de l'article 2102 du Code civil, sur lequel il faudra revenir un jour ou l'autre, et qui le fait passer avant tout autre sur le prix de tout ce qui garnit la maison louée, pour tout ce qui est échu et pour tout ce qui est à échoir ; ce qui aurait, dans notre espèce, pour résultat, non-seulement la ruine irrémissible des preneurs, mais encore de réduire complétement à néant les droits de tous ceux qui, en dehors du propriétaire, sont devenus leurs créanciers, tels que marchands de meubles, tapissiers et fournisseurs de toute sorte. Si donc on se résolvait à laisser sacrifier les requérants, qu'on n'oublie pas que le nombre des victimes se grossirait de tous ceux qui, sous une forme ou sous une autre, ont été amenés à leur faire crédit, afin de faciliter une exploitation à rouages souvent fort compliqués.

Mais si le Gouvernement n'obtempérait pas à nos vœux, les plus menacés seraient encore les propriétaires eux-mêmes ; car il ne nous resterait alors d'autre parti que d'introduire devant les tribunaux une instance en résiliation des baux autrefois consentis ; or, autant le sacrifice que la mesure proposée imposerait à ces propriétaires serait facile à apprécier et restreint, autant l'annulation des contrats, si elle était, ce qui n'est pas douteux, obtenue en justice, pourrait avoir pour eux des conséquences incalculables. Ils ne sauraient, en effet, ignorer qu'à la levée du siége, qui ferait, d'après notre proposition actuelle, renaître immédiatement leur droit à des loyers, ils se trouveraient, au contraire, en succombant dans une instance judiciaire, avoir sur les bras des appartements qui ne reverront pas de sitôt des occupants, même quand l'accès de la capitale sera redevenu complétement libre. Car les étrangers ne reviendront pas aussi vite qu'ils sont partis, quand ils ne seraient retenus que par la crainte du retour possible de journées comme il n'est donné qu'à Paris d'en avoir quelquefois, et, au surplus, il n'y a qu'une voix dans le public pour annoncer le prochain et notable abaissement des loyers, par suite duquel les propriétaires qui avaient traité auparavant avec nous, pour une longue série d'années, à des conditions extrêmement avantageuses pour eux, ne pourraient plus désormais espérer les atteindre avec d'autres preneurs.

Ajoutons qu'il n'est même pas possible d'invoquer en faveur des propriétaires cette circonstance que, tandis que leurs locataires principaux seraient débarrassés des loyers, eux auraient à supporter toutes les charges de la propriété ; car, il n'est à peu de chose près, ni charge publique, ni charge particulière grevant les propriétés bâties, qui, de droit ou en vertu des clauses habituellement insérées dans les baux, n'incombe aux locataires principaux. C'est au point qu'on a pu dire récemment, non sans quelque excès de langage, toutefois, que ce serait bien plutôt aux propriétaires à payer aujourd'hui leurs locataires, qui préservent et sauvegardent leurs immeubles si grandement exposés. En effet, les charges si nombreuses qui, en temps ordinaire, pèsent déjà d'un poids si lourd sur les preneurs principaux, ont été aggravées encore, dès avant même le blocus et surtout depuis, dans des proportions véritablement énormes, et il nous suffira, sans entendre à cet égard articuler la moindre plainte, de rappeler les précautions infinies que nous avons été invités à prendre pour le salut de nos maisons et hôtels; l'hospitalité que nous avons dû offrir, sur une si grande échelle, aux troupes auxiliaires venues de la province et aux réfugiés des communes environnantes; la domesticité ruineuse qu'il nous a fallu conserver; les ambulances somptueuses que nous avons établies dans nos locaux; etc, etc., toutes peines et tous sacrifices auxquels les propriétaires sont restés complétement étrangers.

En résumé donc :

Le Gouvernement a qualité, vu les attributions générales dont il est investi, pour délibérer sur notre demande;

L'intérêt suprême de la paix publique et de la défense nationale, dont aucune préoccupation personnelle ne doit distraire en ce moment, lui fait un devoir de s'en saisir et d'y statuer ;

Cette demande a, d'ailleurs, un fondement essentiellement juridique et tend à un résultat minimum, que la justice ordinaire ne refuserait certainement pas d'adjuger ;

Elle laisse subsister les conventions antérieurement passées qui continueront à avoir force dans l'avenir;

Elle répond à la fois aux intérêts véritables des preneurs, des bailleurs et d'une foule de tiers ;

Et en l'octroyant, le Gouvernement fera comprendre que, dans une société essentiellement et plus que jamais démocratique, le principe de l'égalité s'oppose à ce que les conséquences désastreuses d'un malheur public retombent exclusivement sur les uns, sans atteindre aucunement les autres.

Le Gouvernement y fera donc droit, et ce faisant, il aura rendu bonne et équitable justice

A ses très-humbles, très-respectueux et, par anticipation, très-reconnaissants serviteurs.

(Suivent les Signatures.)

IMPRIMERIE CENTRALE DES CHEMINS DE FER. — A. CHAIX ET Cie, RUE BERGÈRE, 20, À PARIS. — 15492-0.

45